Janny Hebel

Backen mit Schokoriegeln

Unerhört leckere Rezepte für Kuchen, Kekse und Desserts

Torten & Kuchen

Desserts

Kekse, Muffins & Co

Getränke

Marmeladen & Brotaufstriche

Fast alle Schokoriegel und Süßigkeiten in diesem Buch begleiten mich
schon mein ganzes Leben. Ich finde es faszinierend, dass es in unserer
schnelllebigen Zeit Produkte gibt, die schon seit unserer Kindheit Bestand haben.
Gerade an unsere Lieblingssüßigkeiten erinnern wir uns besonders gern
und verbinden damit meist viel Gutes. Einem Ü-Ei kann Zeit nichts anhaben.
Aus Raider wurde zwar Twix, aber ansonsten hat sich daran nichts verändert.

Für mich als Köchin stellte sich irgendwann die Frage:
Kann ich nicht noch mehr aus den Schokoriegeln, Schnitten und Linsen machen –
außer sie direkt aus der Tüte zu naschen? Die Antwort ist: Ja.
Sogar eine ganze Menge.

Dieses Buch ist das Ergebnis dieser kreativen Arbeit.
Selten hatten wir in der Küche bei der Zubereitung und dem Fotografieren
so viel Spaß. Das half uns auch über manch kurze Verzweiflung hinweg,
wenn das Karamellbonbon beim einen oder anderen Mal an der falschen Seite
auslief. Daher hier auch mein erster, wichtiger Tipp für das Backen
mit Schokoriegeln: Der Kreativität freien Lauf lassen!

Habt Mut zum Ausprobieren und denkt ein bisschen um die Ecke, diese Rezepte
inspirieren auch zu vielen weiteren Eigenkreationen mit Lieblingsschokoriegeln.

Viel Spaß beim Zusammenrühren, Backen und natürlich Naschen.

Janny

Torten & Kuchen

ZUBEREITUNG

Die Kekse zerkrümeln und anschließend mit der zerlassenen Butter vermischen. Die Masse auf dem Boden einer gefetteten Springform verteilen und alles gut andrücken.

Den Backofen auf 175 °C vorheizen und 10 Minuten backen, dann wieder aus dem Ofen herausnehmen und den Boden in der Form auskühlen lassen.

Den Frischkäse mit dem Zucker und dem Mark der Vanille so lange rühren, bis der Zucker sich gelöst hat. Dann die Mascarpone und die Speisestärke unterrühren. Nach und nach die Eier, Zitronenschale und die Prise Salz zufügen. Anschließend die Masse auf dem Keksboden verteilen.

Auf der zweiten Schiene von unten ca. 50 – 60 Minuten backen und ggf. am Ende der Backzeit mit Alufolie bedecken. Backofen ausschalten und den Kuchen noch 60 Minuten im Ofen ruhen lassen. Anschließend herausnehmen und auskühlen lassen.

Die Crème fraîche auf den Kuchen streichen und gleichmäßig verteilen. Abgedeckt über Nacht in den Kühlschrank stellen.

Am nächsten Tag die Gelatine in etwas Wasser einweichen.

Die Erdbeeren waschen, putzen und klein schneiden. Die Hälfte der Erdbeeren mit Zucker unter ständigem Rühren 5 Minuten lang kochen. Anschließend die gekochten Erdbeeren pürieren.

Die eingeweichte Gelatine ausdrücken, zu den Erdbeeren geben und auflösen. Dann das Püree kurz abkühlen lassen.

Die restlichen Erdbeeren zufügen und alles noch einmal mischen. Die Erdbeermasse auf dem Kuchen verteilen, bis die Oberfläche vollständig bedeckt ist, und im Kühlschrank fest werden lassen.

cheesecake

ZUTATEN

12 Pick up-Kekse

75 g Butter

450 g Frischkäse

140 g Zucker

Mark von
2 Vanilleschoten

200 g Mascarpone

15 g Speisestärke

4 große Eier

Schale einer
unbehandelten
Zitrone

1 Prise Salz

100 g Crème fraîche

3 Blatt Gelatine

400 g Erdbeeren

50 g Zucker

Springform, 26 cm

Eistorte mit Raffaellos

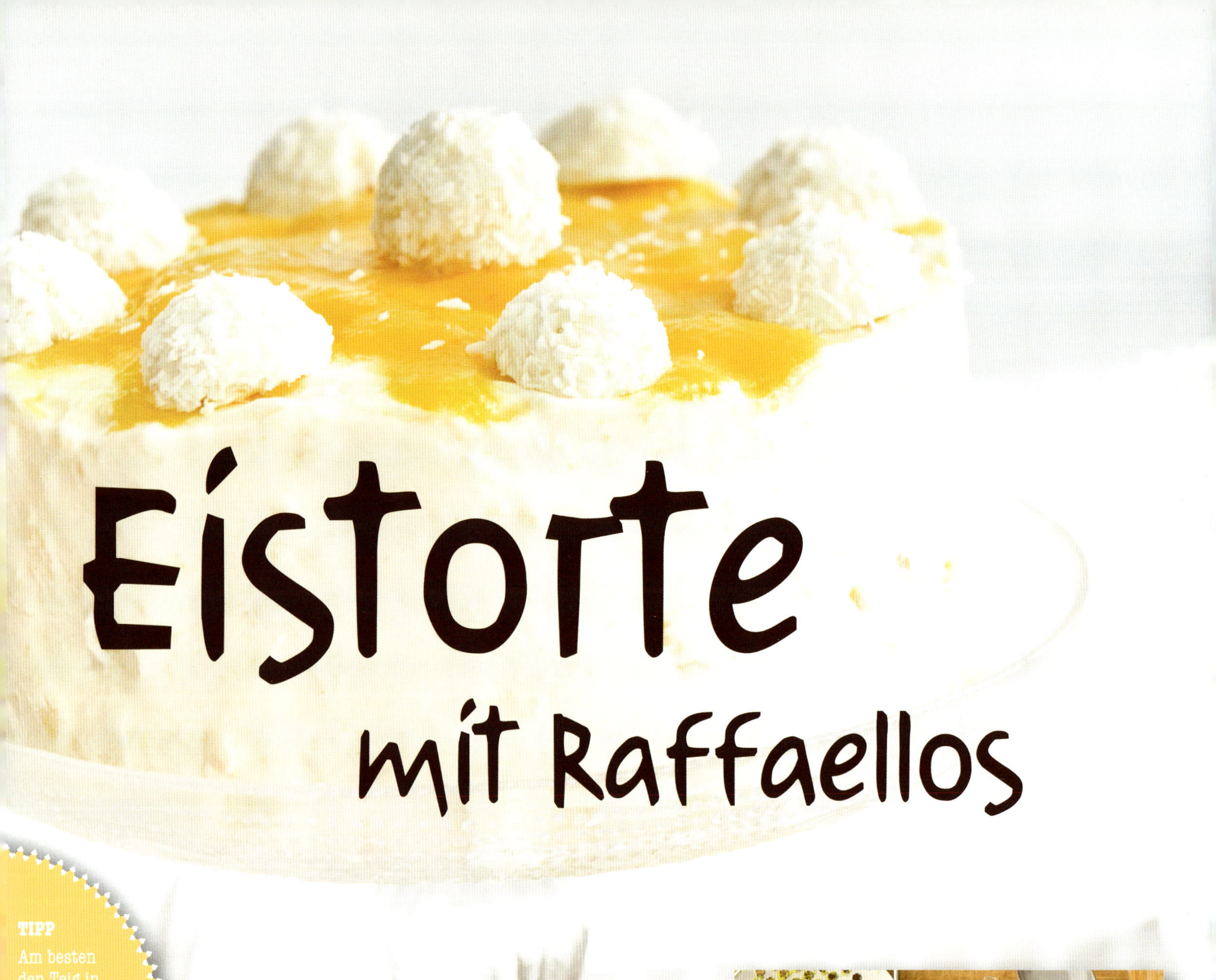

TIPP
Am besten den Teig in einer schmalen, hohen Schüssel schlagen – das geht schneller, und der Teig wird schön locker.

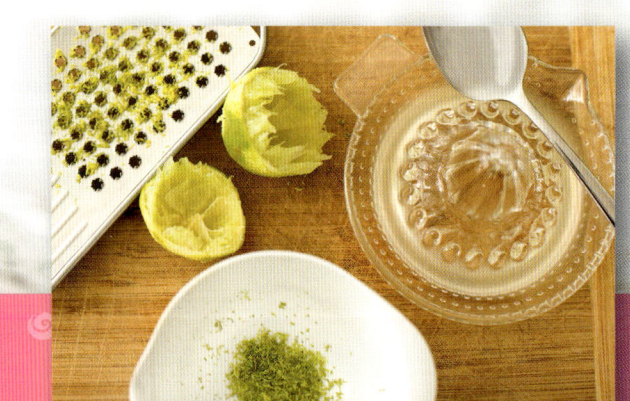

ZUBEREITUNG

Die Eier mit dem Wasser schaumig schlagen, Zucker und Vanillezucker langsam einstreuen und ca. 2 Minuten schlagen.

Mehl, Speisestärke und Backpulver mischen, die Hälfte über die Eier sieben, auf niedrigster Stufe kurz unterrühren.

Den Teig in die Springform füllen und im vorgeheizten Ofen (200°C) sofort backen. Nach 25 – 30 Minuten Backzeit den Boden aus der Form nehmen und abkühlen lassen, dann einmal waagerecht durchschneiden.

Die Gelatine in kaltem Wasser einweichen. Eigelbe, Kokosmilch, abgeriebene Limettenschale, 3 EL Limettensaft und 100 g Zucker verrühren. Über einem heißen Wasserbad dickcremig aufschlagen. Gelatine ausdrücken, darin auflösen. Abkühlen lassen, dabei ab und zu umrühren.

Die Raffaellos grob hacken. Das Ananasfleisch aus der Schale lösen. 250 g Ananas sehr fein würfeln.

500 ml Sahne steif schlagen und mit den fein gewürfelten Ananasstücken und den gehackten Kokoskugeln unter die kalte Kokosmasse heben. Die Masse für eine Stunde in den Tiefkühler stellen.

Den Rest Ananas grob würfeln, mit 1 EL Limettensaft und 30 g Zucker aufkochen und offen 5 Minuten bei starker Hitze kochen lassen. Fein pürieren, durch ein Sieb streichen und abkühlen lassen.

Die Eismasse aus dem Tiefkühler nehmen, etwas antauen lassen und kräftig durchschlagen.

Um einen Biskuitboden einen Tortenring setzen. Auf dem Boden zwei Drittel der Kokosmasse verteilen, den zweiten Boden daraufsetzen, das übrige Kokosparfait darüberstreichen und zum Schluss das Ananaspüree in Streifen darauf verteilen.

Die Torte wieder für 1 Stunde in den Tiefkühler stellen.

Torte aus dem Ring lösen und mit 4 halbierten und einem ganzen Raffaello garnieren.

ZUTATEN

Für den Biskuitboden

Achtung:
am Vortag zubereiten!

3 Eier

3 EL heißes Wasser

125 g Zucker

1 Pck. Vanillezucker

100 g Mehl

30 g Speisestärke

1 gehäufter TL Backpulver

Für den Belag

2 Blätter weiße Gelatine

5 Eigelb

150 ml Kokosmilch, ungesüßt

Saft und Schale einer Bio-Limette

130 g Zucker

10 Raffaellos

1 Ananas

500 ml Schlagsahne

Für die Dekoration

5 Raffaellos

Springform, 18 cm Tortenring

ZUBEREITUNG

Die Springform mit Backpapier auslegen und den Boden mit (teilweise zurechtgeschnittenen) Milchschnitten bedecken. Dann darauf die Himbeeren verteilen.

Den Ricotta mit dem Speisequark, Vanillemark und Zucker verrühren und die Gelatine nach Packungsanweisung einweichen, ausdrücken und erwärmen, bis diese aufgelöst ist. Die Gelatine mit der Ricottamasse vermengen und über die Himbeeren geben.

Im Kühlschrank mindestens 3 Stunden erkalten lassen.

Himbeerkuchen
mit Milchschnitten-Boden

ZUTATEN

7 Milchschnitten

500 g frische
Himbeeren

250 g Ricotta

250 g Speisequark

Mark von
1 Vanilleschote

3 EL Zucker

4 Blatt Gelatine

Springform, 18 cm
Backpapier

Maracuja-Mango-Käsekuchen

ZUBEREITUNG

Den Boden der Form mit Backpapier auslegen. Schokoladenpuffreis grob hacken und in einem Topf bei kleiner Hitze schmelzen. Die Masse auf dem Boden der Form verteilen und glatt streichen. Mit einem zweiten Blatt Backpapier abdecken und die Masse mit den Händen leicht andrücken. Kalt stellen.

Die Gelatineblätter in kaltem Wasser einweichen. Inzwischen Frischkäse und Zucker glatt verrühren. Den Saft in einem kleinen Topf sanft erhitzen, Gelatine leicht ausdrücken und darin auflösen, danach unter den Frischkäse rühren.

Das Fruchtfleisch der Mangos ablösen, pürieren und durch ein feines Sieb streichen. Mangopüree auch unter den Frischkäse heben.

Sahne steif schlagen und vorsichtig unterheben. Die Frischkäsecreme gleichmäßig auf dem Puffreisboden verteilen und glatt streichen. Mindestens 3 Stunden kalt stellen.

Für den Guss Pfirsiche schälen, in Stücke schneiden und pürieren. Beim Servieren auf jedes Stück etwas von dem Püree geben.

ZUTATEN

200 g Schokoladenpuffreis, z. B. Nippon

8 Blatt Gelatine

350 g Doppelrahmfrischkäse

50 g Zucker

100 ml Maracujasaft

2 Mangos

300 ml Sahne

4 Pfirsiche

Springform, 26 cm
Backpapier

Marshmallow-

ZUTATEN

Für den Boden

200 g Butterkekse

150 g Butter

Für die Füllung

350 g weiße
Marshmallows

150 ml Milch

250 g Magerquark

200 g Schlagsahne

Für den Belag

500 g Beeren, TK oder
frisch

1 Pck. Tortenguss, klar

¼ Liter Apfelsaft

Springform, 28 cm

ZUBEREITUNG

Die Butterkekse fein zer-
bröseln. Die Butter schmelzen
und mit den Keksbröseln
verkneten. Die Krümelmasse
als Boden mit einem Esslöffel-
rücken in die gefettete Springform drücken und kalt
stellen.

Marshmallows in der Milch
bei kleiner Hitze schmelzen.
Abkühlen lassen und den
Quark unterrühren. Wenn
die Masse anfängt, fest zu
werden, die Sahne steif
schlagen und unterheben.
Auf den Keksboden verteilen
und für mindestens
3 Stunden kalt stellen.

Frische Beeren abspülen
bzw. TK-Beeren auftauen,
auf Küchenkrepp abtropfen
lassen und auf dem Kuchen
verteilen. Tortenguss
nach Packungsanweisung
mit Apfelsaft zubereiten.
Die Beeren mit dem Guss
überziehen.

Beeren-
Käsekuchen

ZUBEREITUNG

2 Muffinformen mit Papierförmchen auslegen und
jeweils einen Oreo Cookie
als Boden hineinlegen.

Die Amicelli-Kekse klein
schneiden.

Den Frischkäse cremig
rühren und den Zucker
unterrühren. Ein Ei nach
dem anderen hinzugeben,
dann die Vanille, das Salz
und zum Schluss die saure
Sahne.

Die Creme auf den Keksen
verteilen und die Amicelli
in Stücke geschnitten
darauf verteilen.

Im vorgeheizten Backofen
bei 140 – 150 °C ca.
30 Minuten backen.
Auskühlen lassen und
mindestens 3 Stunden im
Kühlschrank kühlen.

Muffin
cheesecake

Schnelle
Charlotte
Royal

ZUBEREITUNG

Zuerst die Gelatineblätter einweichen. Anschließend die Sahne mit dem Zucker steif schlagen und den Quark unterrühren.

Von den Schaumküssen die Waffelböden abnehmen und im ganzen unter die Quarksahne rühren. Dabei zerbricht der Schokoladenüberzug in Stückchen.

Die Gelatine ausdrücken und in einem kleinen Topf mit etwas Wasser auflösen. 1 – 2 EL der Creme unter die Gelatine rühren, dann diese Mischung unter die restliche Creme ziehen.

Die Erdbeeren waschen, putzen und in kleine Stückchen schneiden und unter die Creme heben. Danach die Creme kühl stellen.

Mit einem scharfen Messer die Milka Tender in dünne Scheiben schneiden. Dafür das Messer mit sehr wenig Druck vorsichtig hin- und herführen, damit die Schnittkanten sauber werden. Die Schalen mit Frischhaltefolie auslegen.

Je eine Biskuitscheibe auf den Boden der Schalen legen und dann nach und nach die Schale mit den restlichen Scheiben vollständig auskleiden. Mit kleinen Biskuitstückchen die Lücken füllen.

Dann die Creme einfüllen und die restlichen Biskuitscheiben auf die Creme legen. Die Törtchen nun für mindestens 2 Stunden kühl stellen.

Kurz vor dem Servieren werden die Schalen auf die Teller gestürzt. Durch die Frischhaltefolie kann man diese nun vorsichtig hochheben und entfernen. Wer möchte, kann auf die Kuppelspitze eine fächerförmig aufgeschnittene Erdbeere legen.

ZUTATEN
für 4 Personen

1,5 Blätter Gelatine

50 g Sahne

½ EL Zucker

125 g Quark

2 Schaumküsse, z. B. von Dickmann

75 g Erdbeeren

4 – 5 Milka Tender

4 Erdbeeren zum Dekorieren

**2 kleine Schalen
Frischhaltefolie**

ZUTATEN

Für den Biskuitboden
4 Eier

4 EL heißes Wasser

175 g Zucker

1 Pck. Vanillezucker

150 g Mehl

50 g Speisestärke

2 TL Backpulver

**Für
die Füllung**
1 Glas
Schattenmorellen

12 große Schokoküsse

250 g Quark

1 TL Zitronensaft

25 g Zucker

150 g saure Sahne
oder Joghurt

400 ml Schlagsahne

3 Pck. Sahnesteif

Zum Dekorieren
Kirschen

Mini-Schokoküsse

Schokoraspeln

**Tortenboden-/
Obstbodenform,
28 cm**

ZUBEREITUNG

Zuerst den Backofen vorheizen (Ober-/ Unterhitze 180 °C, Heißluft 160 °C). Die Kirschen abtropfen lassen.

Die Eier mit dem Wasser schaumig schlagen, Zucker und Vanillezucker langsam einstreuen und ca. 2 Minuten schlagen.

Mehl, Speisestärke und Backpulver mischen, die Hälfte über die Eier sieben, auf niedrigster Stufe kurz unterrühren.

Den Teig in die Tortenform füllen und sofort backen. Nach 25 – 30 Minuten Backzeit den Boden aus der Form nehmen und abkühlen lassen.

Ein Großteil der Kirschen auf dem unteren Boden verteilen, ein paar Kirschen zum Garnieren aufheben.

Die Waffeln der Schokoküsse vorsichtig mit einem Messer abtrennen. Die Schaummasse mit Quark, Zitronensaft, Zucker und saurer Sahne (oder Joghurt) verrühren. Die Sahne mit Sahnesteif steif schlagen und unter die Quarkmasse heben.

Die Masse gleichmäßig auf die Kirschen streichen. Die Torte etwa 2 Stunden kühl stellen.

Zum Schluss mit den restlichen Kirschen, Mini-Schokoküssen und Schokoraspeln dekorieren.

Schokoladen
mit Mars

...torte

ZUTATEN

Für die Füllung

375 g Mars-Riegel

600 ml Schlagsahne

3 Pck. Sahnesteif

3 Vanilleschoten

Für den Teig

6 Eigelb

180 g Zucker

1 Pck. Vanillezucker

6 Eiweiß

4 EL kaltes Wasser

120 g Mehl

80 g Speisestärke

200 ml Sahne

1 Pck. Sahnesteif

2 große Mars-Riegel extra

Springform, 26 cm
Backpapier
etwas Butter
für die Form

TIPP:

Wenn es ganz schnell gehen soll, können die Böden auch fertig gekauft werden. Wagemutige können die Creme auch mit anderen Schokoriegeln ausprobieren.

Schokoladentorte mit Mars

ZUBEREITUNG

Die Mars-Riegel zerkleinern.

Die Schlagsahne in einem Topf erhitzen und darin unter Rühren die Schokoladenriegel schmelzen. Die fertige Masse in eine Rührschüssel geben und über Nacht in den Kühlschrank stellen.

Den Springformboden mit etwas Butter einfetten und mit Backpapier auslegen.

Die Eigelbe mit der Hälfte des Zuckers und dem Vanillezucker mit den Rührbesen des elektrischen Handrührgerätes schaumig schlagen.

Die Eiweiße mit dem Wasser in einer völlig fettfreien Schüssel mit den gesäuberten Rührbesen des elektrischen Rührgerätes zu Schnee schlagen. Sobald der Eischnee eine weiche, flaumige Konsistenz hat, den restlichen Zucker einrieseln lassen und so lange weiterrühren, bis der Eischnee ganz steif ist.

Den Eischnee bergartig auf die Eigelbmasse geben und mit dem Rührlöffel – keinesfalls mit dem elektrischen Rührgerät! – unter die Eigelbmasse heben. Das Mehl mit der Speisestärke über die Eiermasse sieben und wiederum mit dem Rührlöffel unterziehen.

Den Teig in der Springform glatt streichen und die Form auf dem Rost in den vorgeheizten Backofen schieben

(Heißluft 160 °C oder 180 °C Ober-/ Unterhitze). Backzeit: ca. 25 Minuten

Den Biskuitteig aus dem Ofen nehmen und abkühlen lassen. Danach den Springformrand lösen und den Boden auf einen mit Backpapier belegten Kuchenrost stürzen, Springformboden entfernen und Kuchen erkalten lassen. Den Boden einmal durchschneiden, sodass man zwei ganze Böden erhält.

Sahnesteif mit dem Mark der drei Vanilleschoten mischen und die kalt gestellte Schokoladen-Sahne steif schlagen.

Den unteren Tortenboden auf eine Tortenplatte legen, die Hälfte der Sahne darauf streichen, dann den oberen Boden drauflegen und leicht andrücken. Den Rand und die Oberfläche der Torte mit der restlichen Schokoladen-Sahne bestreichen.

Für die Dekoration nochmal 200 ml Sahne mit einer Packung Sahnesteif steif schlagen und mit den beiden kleingeschnittenen Mars-Riegeln dekorieren.

Trio Käsekuchen

ZUTATEN
für 8 Portionen

100 g Balisto

1 EL Kakao

50 g
zerlassene Butter

250 g Doppelrahm-
Frischkäse

250 g Mascarpone

50 g Crème fraîche

130 g
Zartbitterschokolade

130 g
Vollmilchschokolade

130 g
weiße Schokolade

8 kleine Weckgläser

ZUBEREITUNG

Die Balisto-Riegel zerkrümeln – so fein wie gewünscht.
1 EL Kakao untermischen, dann die zerlassene Butter
dazugeben und gut verrühren. Die Masse als Boden in
die Weckgläser geben, festdrücken und im Kühlschrank
parken.

Frischkäse, Mascarpone und Crème fraîche zu einer
glatten Masse verrühren und dritteln.

Dann die Zartbitterschokolade über dem Wasserbad
schmelzen, abkühlen lassen (!) und unter den ersten Teil
der Frischkäsecreme rühren. Die Weckgläser aus dem
Kühlschrank nehmen und die Schokocreme gleichmäßig
als erste Cheesecake-Lage auf die Keksböden verteilen.
Deckel drauf und zurück in den Kühlschrank.

Für die zweite Lage Schokocreme:

Milchschokolade über dem Wasserbad schmelzen,
etwas abkühlen lassen und unter den zweiten Teil
der Frischkäsecreme rühren. Die Weckgläser aus dem
Kühlschrank nehmen und die Vollmilch-Schokocreme
gleichmäßig auf der Zartbittercreme verteilen. Deckel
drauf, alles wieder ab in den Kühlschrank.

Zum Schluss die weiße Schokolade über dem Wasserbad
schmelzen, abkühlen lassen und unter den letzten Teil der
Frischkäsecreme rühren. Die Weckgläser wieder aus dem
Kühlschrank nehmen und die weiße Creme gleichmäßig auf
der Milchschokocreme verteilen. Erneut Deckel drauf
und alles am besten über Nacht im Kühlschrank fest
werden lassen.

Desserts

TiPP:

Die Trifle können nach Herzenslust variiert werden: Anstatt Puffreis eigenen sich z.B. auch Müsliriegel wie Corny oder Balisto. Die Früchte können der Saison angepasst werden. Pflaumen, Spekulatius und Mascarponecreme geben zusammen eine weihnachtliche Note.

3 schnelle

Puffreis-Trifle

ZUBEREITUNG

1. Die Puffreis-Häppchen mit einem scharfen Messer in Krümel schneiden. Die Krümel auf vier Dessertgläser verteilen. In jedes Glas Himbeeren auf die Puffreis-Brösel legen.

Eierlikör mit Quark und Zucker verrühren und anschließend die Quarkmasse über die Himbeeren gießen.

Mit Schokoraspeln dekorieren.

ZUTATEN
für 4 Portionen

Variante 1

60 g Schokoladenpuffreis

125 g Himbeeren

200 ml Eierlikör

250 g Quark

50 g Zucker

etwas geraspelte Zartbitterschokolade

4 Dessertschalen/-gläser

ZUBEREITUNG

2. Äpfel schälen und in Würfel schneiden und mit dem Vanillezucker und dem Zitronensaft in einen Topf geben. Alles zugedeckt aufkochen und dann bei schwacher Hitze ca. 8 Minuten köcheln lassen, bis die Äpfel weich, aber noch stückig sind. Das fertige Mus auskühlen lassen, dabei zwischendurch noch öfter mal umrühren.

Die Puffreis-Häppchen und den Erdnussriegel in kleine Stücke zerbröseln.

Das Apfelmus in vier tiefe Teller, Gläser oder Schüsseln geben, darauf den Joghurt verteilen und zuletzt die Brösel darüberstreuen.

ZUTATEN
für 4 Portionen

Variante 2

1,5 kg Äpfel,
säuerlich

2 Pck. Vanillezucker

Saft einer Zitrone

4
Schokoladenpuffreis

1 Erdnussriegel
(Tom oder Alnatura)

250 g
Vollmilchjoghurt

**4 Dessertschalen/-
gläser**

ZUBEREITUNG

3. Die Kirschen abtropfen lassen und den Saft dabei
auffangen. Die Stärke und 3 EL Saft verrühren.

Den übrigen Saft mit dem Zucker aufkochen. Stärke
einrühren, nochmals aufkochen und ca. 3 Minuten
köcheln.

Kirschen unterheben. Etwas abkühlen lassen. In vier
Dessertschalen füllen und auskühlen lassen.

Quark und Milch glatt rühren. Mit Vanillezucker
abschmecken. Auf die Kirschen verteilen. Die
Puffreis-Schokoladen-Häppchen zerbröseln und
darauf verteilen. Sofort servieren.

ZUTATEN
für 4 Portionen

Variante 3

1 Glas (720 ml)
Kirschen

1 gehäufter EL
(ca. 15 g) Speisestärke

2 EL Zucker

250 g Quark

3 – 4 EL Milch

2 Pck. Vanillezucker

8 Schokoladenpuffreis
(z. B. Nippon)

**4 Dessertschalen/-
gläser**

ZUTATEN

Äpfel,
z. B. Pink Lady

Mini-Schokoriegel
(alternativ
Dominosteine,
Nougat, Marzipan,
Spekulatius)

Weißwein

**Kernausstecher
Auflaufform**

Bratapfel-
Varianten

ZUBEREITUNG

Mit dem Kernausstecher die Kerngehäuse entfernen, dabei unbedingt darauf achten, dass der Boden erhalten bleibt. Dann direkt die Mini-Schokoriegel oder eine der alternativen Füllungen hineingeben, die Äpfel in eine Auflaufform setzen, ein wenig Weißwein darübergießen und bei 180 °C ca. 20 Minuten backen.

Der Klassiker:

Der klassische Bratapfel steckt voller typischer Weihnachtsaromen. Gefüllt wird er mit Rosinen (wahlweise in Rum eingelegt), Marmelade oder Honig, Mandeln, Zimt und Nelken. Das Ganze wird mit einem Stück Butter gekrönt und mit Apfelsaft verfeinert.

Der Westfale:

In Westfalen mag man es unkompliziert: Der Apfel wird einfach mit einer Masse aus Butter, Mandeln, Rosinen und Zucker gefüllt. Um dem Ganzen ein wenig Pfiff zu verleihen, anschließend den Apfel mit Weißwein übergießen.

Für Naschkatzen:

Dieser Bratapfel ist besonders mächtig und süß – und ist daher genau das Richtige für Leckermäuler. Gefüllt mit zerbröseltem Spekulatius, Marzipan und Eierlikör schmeckt er fabelhaft und zergeht förmlich auf der Zunge.

Beschwipster Bratapfel:

Besonders spektakulär ist diese Variante. Nachdem der Apfel mit Rosinen, Butter und Zucker gefüllt wurde, wird er mit Weißwein getränkt und für den Showeffekt mit brennendem Calvados flambiert.

ZUBEREITUNG

Von den Birnen das obere schmale Drittel abschneiden und den unteren Teil mit einem Ausstecher vom Kerngehäuse befreien.

Die Datteln entkernen. Datteln und Müsliriegel fein hacken. Die Masse in die ausgehöhlten Birnen stopfen, die Birnenspitzen daraufsetzen und mit Zahnstochern feststecken.

Die Birnen in eine Auflaufform stellen, Weißwein und Birnensaft angießen und die Birnen mit Butter bestreichen. Die Birnen im vorgeheizten Backofen (180 °C Ober-/Unterhitze) 25 – 30 Minuten schmoren und dann heiß servieren.

ZUTATEN

4 große, feste Birnen

8 Datteln

1 Müsliriegel

4 EL Weißwein

125 ml Apfelsaft

2 EL flüssige Butter

Zahnstocher
Auflaufform

Bratbirne

Mit Liebe gemacht von

Erdbeer-Eis
mit Milch

ZUBEREITUNG

Zuerst die Erdbeeren und die Milchschnitten in kleine Stückchen schneiden, mit dem Naturjoghurt und dem Puderzucker vermischen. Dann die Erdbeeren mit den Milchschnitte-Stückchen darunterheben.

Abwechselnd die Joghurtmasse und das Erdbeermus aus den 10 Erdbeeren in die Eisformen füllen. In die Mitte den Stielaufsatz, Holzstäbchen, Löffel o. ä. stecken.

Und ab in das Gefrierfach! Nach ein paar Stunden ist das Eis fertig.

schnitte

ZUTATEN
für 8 Portionen

10 Erdbeeren

2 Milchschnitten

200 g Naturjoghurt

2 EL Puderzucker

10 Erdbeeren, zu Mus verarbeitet

**Eisformen
mit Stielaufsatz**

**oder:
Löffel, Holzstäbchen**

Erdbeer-Joghurt-Parfait

ZUBEREÍTUNG

Die Sahne steif schlagen und in den Kühlschrank stellen.

Die Eigelbe mit dem Puderzucker hellgelb schlagen.

Die Erdbeeren putzen, waschen und mit einem Stabmixer pürieren. Das Püree unter die Eigelbmasse rühren, die Sahne unterheben und die Eismasse für 1 Stunde in den Tiefkühler stellen.

In der Zwischenzeit die Schokoriegel aus dem Kühlschrank nehmen, in kleine Stücke hacken und wieder kalt stellen. Nach einer Stunde die Schokoriegelstücke unter das Eis heben und weitere 2 Stunden in den Tiefkühler stellen.

Wenn das Eis einen Tag vorher vorbereitet wird, sollte man es ca. 1 Stunde vor dem Verzehr aus dem Tiefkühler nehmen und in den Kühlschrank stellen.

ZUTATEN

300 ml Schlagsahne

4 Eigelb

100 g Puderzucker

250 g Erdbeeren

5 Riegel Yogurette aus dem Kühlschrank

ZUBEREITUNG

Die Zutaten für die Gummibären-Sauce in einen Topf geben und so lange kochen lassen, bis sich alle Gummibärchen aufgelöst haben. Anschließend abkühlen lassen.

Dann wird der Magermilchjoghurt mit dem Honig, dem Vanillezucker und dem Zitronensaft verrührt. Damit das Joghurteis cremiger wird, nun die zuvor steif geschlagene Sahne unter die Joghurtcreme heben. Die Masse einfach in eine geeignete Schüssel geben und im Tiefkühler gefrieren lassen. Dabei ist es allerdings wichtig, dass die Eiscreme alle 15 Minuten gut durchgerührt wird, damit keine zu großen Eiskristalle entstehen.

frozen

Yoghurt
mit
Gummibärchen-
Sauce

ZUTATEN

Für die Sauce

150 g Gummibärchen

2 EL Limettensaft

100 ml Apfelsaft

200 ml Wasser

30 g Honig

Für den Frozen Yoghurt

650 ml Magermilchjoghurt

Honig (je nach Geschmack)

1 Pck. Vanillezucker

Saft einer ½ Zitrone

200 ml Sahne

47

Orangenterrine mit Karamellsauce

ZUTATEN

Für die Orangenterrine

Saft und Fruchtfleisch von 3 Bio-Orangen

3 EL Zucker

Mark einer ½ Vanilleschote

200 g Mascarpone

3 Blatt weiße Gelatine

1 Prise Salz

Für die Sauce

150 ml Milch

100 g Sahne-Karamellbonbons

2 Schälchen

ZUBEREITUNG

Eine Orange filetieren und mit den Filets den Boden der Förmchen auslegen.

Die beiden anderen Orangen auspressen und den Saft mit dem Zucker, dem Vanillemark, der Prise Salz und dem Mascarpone verrühren. Die Gelatine einweichen, ausdrücken und mit etwas Orangensaft auflösen. Etwas von der Mascarponecreme zugeben (Temperaturausgleich), anschließend alles miteinander vermischen und in die vorbereiteten Schälchen füllen.

Im Kühlschrank ca. 3 Stunden kalt stellen.

Die Milch in einem Topf aufkochen. Sahne-Karamell-bonbons zugeben und unter Rühren darin auflösen. Die Karamellsauce ebenfalls kalt stellen.

Kurz vor dem Servieren die Orangenterrine stürzen und die Karamellsauce darübergießen.

ZUBEREITUNG

Als Erstes die Karamellbonbons zusammen mit der Sahne im Wasserbad schmelzen, sodass eine glatte Sauce entsteht.

Die Mango in dünne Dreiecke schneiden.

Die Eier trennen und das Eiweiß steif schlagen.

In einer separaten Schüssel Eigelb, Vanillezucker, Salz, Mehl und Backpulver mit dem Handrührgerät vermengen und nach und nach Milch hinzufügen, bis ein cremiger Teig entstanden ist. Zum Schluss das steif geschlagene Eiweiß unterheben, bis der Teig Luftblasen schlägt.

Etwas Butter in der Pfanne erhitzen und die Pancakes (je 2 – 3 EL Teig) von jeder Seite 1 – 2 Minuten goldbraun rösten.

Zum Schluss die Pancakes mit griechischem Joghurt, Mangostücken und Kokosflocken belegen. Als Topping die Karamell-sauce darübergießen.

Pancake-

ZUTATEN
für 4 Portionen

8 Karamellbonbons

2 EL süße Sahne

½ – 1 Mango

2 Eier

1 Pck. Vanillezucker

1 Prise Salz

200 g Mehl

1 TL Backpulver

180 ml Milch

Butter nach Bedarf

200 g griechischer Joghurt

2 EL Kokosflocken

Türmchen mit Karamellsauce

Quarkknödel

TIPP

Für das Formen der Knödel die Hände gut bemehlen, sonst klebt der Teig an den Fingern fest.

Die Knödel kann man vorbereiten, aber erst kurz vor dem Servieren in das Wasser geben.

ZUTATEN

für 4 Personen

Für die Knödel

50 g Butter

1 Ei

250 g Quark

200 g Mehl

50 g Grieß

1 Prise Salz

Nougatriegel

50 g Heidelbeeren

3 EL Rohrohrzucker

200 g Semmelbrösel

Für die Beilage

200 g Heidelbeeren,
püriert

ZUBEREITUNG

Die Butter mit dem Ei schaumig rühren. Quark, Mehl, Grieß und Salz hinzufügen und ordentlich durchkneten. Anschließend den Teig 30 Minuten ruhen lassen.

Dann den Teig zu einer Rolle formen und 2 cm dicke, gleich große Stücke herunterschneiden. Ein Stück Teig in der Hand flachdrücken – aber nicht zu dünn! – und in die Mitte des Teigs 2 Heidelbeeren und 1 kleines Stück Nougat legen. Den Teig rund um die Füllung gut schließen, fest zusammendrücken und zum Knödel formen.

Leicht gesalzenes Wasser in einem weiten Topf zum Aufkochen bringen, die Knödel hineingeben und gleich auf Mittelhitze stellen, damit das Wasser nur mehr leicht siedet. Zu Beginn die Knödel evtl. sanft vom Topfboden lösen, damit sie nicht festkleben. Sobald die Knödel an der Wasseroberfläche schwimmen, sind sie fertig.

In einer Pfanne 2 EL Butter schmelzen, die Semmelbrösel mit dem Rohrohrzucker darin anrösten und – sobald eine leichte Bräunung entsteht – vom Herd nehmen. Die fertig gegarten Knödel darin schwenken.

Alles auf einem Teller anrichten und heiß gemachte, pürierte Heidelbeeren dazu servieren.

ZUBEREITUNG

Die Milch mit dem Zucker, dem Zimt und dem Vanillezucker aufkochen und abkühlen lassen.

Anschließend in der Eismaschine nach Anleitung des Herstellers gefrieren. Alternativ friert man die Masse in einer Eisdose ein und mixt sie mit einem Schneebesen oder einem Pürierstab während des Gefrierens immer wieder auf – so lange, bis das Eis cremig gefroren ist.

Die Eiscreme in die Überraschungsei-Hälften füllen und mit den Streuseln verzieren.

ZUTATEN

Variante 1

300 ml Milch

50 g Zucker

1 Messerspitze Zimt

1 EL Vanillezucker

3 – 4 Überraschungseier, halbiert

bunte Streusel zum Bestreuen

Eismaschine/Eisdose

Schoko-Eier-Variationen

ZUTATEN

Variante 3
6 Überraschungseier,
halbiert

Für die Füllung
200 g weiße Kuvertüre

2 Blatt Gelatine

2 EL Orangenlikör

1 Ei

1 EL Wasser

250 ml Schlagsahne

Ausserdem
500 g Erdbeeren

2 EL Orangensaft

2 EL Zucker, fein

Eierlikör

**Spritzbeutel
mit Lochtülle**

ZUBEREITUNG

Die Ü-Eier entlang der „Naht"
halbieren. Die Schokoeihälften bis zur
Weiterverarbeitung kühl aufbewahren.

200 g Kuvertüre grob hacken und über
einem heißen Wasserbad schmelzen.

Die Gelatine in kaltem Wasser
einweichen. Den Likör leicht erwärmen
und die ausgedrückte Gelatine darin
auflösen. Die Gelatine und die flüssige
Kuvertüre mit einem Kochlöffel zügig
verrühren. Ca. 10 Minuten abkühlen
lassen.

Währenddessen das Ei mit 1 EL Wasser
über einem heißen Wasserbad schaumig
schlagen.

Nun die Sahne steif schlagen und
zusammen mit dem Eierschaum unter
die Kuvertüremasse heben. Zugedeckt
im Kühlschrank 2 Stunden kalt stellen.

Die Ü-Ei-Hälften auf ein Kuchengitter
legen und die Schokomousse mit Hilfe
eines Spritzbeutels mit Lochtülle in die
Eierhälften füllen und kalt stellen.

Währenddessen kann man gut die
Beilage vorbereiten: Die Erdbeeren
putzen, waschen und in mundgerechte
Stücke schneiden. In einer Schüssel mit
dem Saft und dem Zucker vermischen,
bei Zimmertemperatur marinieren
lassen. Wenn die Ü-Ei-Hälften gut
durchgekühlt sind, zusammen mit den
marinierten Erdbeeren servieren und
ein wenig Eierlikör darübergießen.

ZUTATEN

Variante 2

8 Physalis

½ Pck. Sofortgelatine

100 g Kokoscreme

200 g Mascarpone

200 g Joghurt

5 EL Batida de Coco

50 g Zucker

1 TL abgeriebene
Limettenschale

2 EL Limettensaft

4 Überraschungseier,
halbiert

ZUBEREITUNG

Kapstachelbeeren aus
den Hülsen lösen.

Sofortgelatine, Joghurt,
Mascarpone, Kokoscreme,
Zucker, Limettenschale
und -saft verrühren, bis
die Masse nicht mehr
allzu flüssig ist.

Creme mit einem Spritz-
beutel in die Ü-Ei-Hälften
spritzen. In jede Hülle
eine Kapstachelbeere als
„Eigelb" setzen.

ZUTATEN
für 4 Portionen

4 große Schokoriegel
nach Wahl

Für den Bierteig

100 g Mehl

1 Eigelb

Prise Salz

125 ml Bier nach Wahl

Schaschlikspieße
Öl zum Frittieren
Küchenpapier

Schottisches Hüftgold

ZUBEREITUNG

Die Schokoriegel auf die Schaschlikspieße spießen und über Nacht in den Kühlschrank legen.

Für den Bierteig Mehl, Eigelb, Salz und Bier gut miteinander vermischen. Den Teig etwas ruhen lassen.

Inzwischen das Frittierfett in einem Topf erhitzen. Die Schokoriegel in den Bierteig tauchen und goldgelb ausbacken. Danach herausheben, auf Küchenpapier legen und entfetten.

ACHTUNG

Am besten sofort heiß servieren, sonst schmeckt es nicht!

ZUBEREITUNG

Die M&M's in einen
Gefrierbeutel geben und
mit einem Fleischklopfer
oder Nudelholz
zerbröseln.

Dann das Eis und die
Milch in einen hohen
Behälter geben und
verrühren. Zum Schluss
die Brösel untermischen
und sofort servieren.

ZUTATEN

100 g M&M's

Alternativ:
Daim, Kitkat,
Smarties, Balisto,
Ferrero Rocher
o. ä.

300 g Vanilleeis

50 ml Milch

Gefrierbeutel

**Fleischklopfer oder
Nudelholz**

Softeis
in vielen

Varianten

Kekse, Muffins & Co.

Cookies
mit Karamellkern

ZUBEREITUNG

Die Schokolade in kleine Stückchen brechen und in einer Schüssel im Wasserbad (oder in der Mikrowelle) schmelzen. Sobald sie kurz davor ist, flüssig zu werden, die Butter dazugeben und unter Rühren ebenfalls einschmelzen.

Dann den Zucker und den Kakao einrühren sowie ein gutes Drittel des Mehls.

Wenn die Masse kühl genug ist, sodass für das Ei keine Gerinnungsgefahr mehr besteht, auch das Ei hinzufügen.

Das Backpulver und das übrige Mehl nach und nach dazugeben, bis ein schöner, schwarzer Teig in der Schüssel entstanden ist. Den Teig für 15 Minuten kühl stellen.

Inzwischen ausreichend Rolos auswickeln, nicht zu viele naschen und Backpapier auf ein Backblech legen.

Schließlich je einen Rolo in eine ausreichende Menge Teig drücken (ca. 1 ½ TL) und mit den Händen zu etwa kastaniengroßen Kugeln formen. Dabei unbedingt darauf achten, dass die Rolos rundherum gut verpackt sind, sonst läuft das Karamell im Ofen aus!

In ausreichend großem Abstand auf das Backblech setzen und – sobald der ganze Teig verarbeitet ist – nochmal für ein halbes Stündchen kühlen.

Den Backofen auf 180 °C vorheizen und die Kekskugeln gute 10 Minuten backen.

Wichtig:
Nicht (zu lange) aus den Augen lassen! Sobald sich die ersten Kekse anschicken aufzuplatzen und das Karamell ausläuft, SOFORT aus dem Ofen holen! Dann sind sie möglicherweise außen noch weich, härten aber aus, wenn sie abkühlen.

65

ZUTATEN

100 g dunkle
Schokolade, 70%

80 g Butter

150 g brauner Zucker

1 EL Kakaopulver

130 g Mehl

1 Ei

1 TL Backpulver

50 Rolos
(wahlweise Riesen
von Storck)

Backpapier

Cupcakes
mit Balisto und Erdbeer-Topping

ZUBEREITUNG

Das Mehl sieben und mit dem Kakao, Backpulver und Natron vermischen und zur Seite stellen.

In einer neuen Schüssel die Butter mit dem Zucker schaumig rühren. Die Eier dazugeben und so lange rühren, bis die Masse richtig schön fluffig ist. Die Buttermilch und den Joghurt dazugeben.

Nun werden beide Teile zusammengefügt, und zwar vorsichtig und nur kurz, damit der Teig schön saftig bleibt!

Die Schokoriegel in kleine Stückchen schneiden und hinzufügen.

Die mit Papierförmchen ausgelegten Muffinformen gut zu zwei Dritteln mit Teig befüllen.

Bei 170 °C (Umluft) 18 Minuten backen.

Auf einem Kuchengitter komplett auskühlen lassen.

Die Erdbeeren putzen, waschen und mit dem Zucker pürieren.

Die Sahne zum Kochen bringen, dann den Herd etwas runterschalten. Die Schokolade grob hacken und in der Sahne auflösen, alles sehr gut verrühren. Zuerst entsteht eine etwas flockige Masse, die einmal mit dem Pürierstab kurz aufgeschäumt wird. Dann im Kühlschrank abkühlen lassen.

Nach ca. 30 Minuten, wenn die Masse fester wird und von cremiger Konsistenz ist, muss sie noch mit dem Rührbesen aufgeschlagen werden. Anschließend den Frischkäse und den Erdbeersirup unterrühren. Nun wird die Creme schön locker und spritzfähig. Ca. 2 Minuten schlagen und zum Schluss die Erdbeermousse dazugeben.

Nun die Cupcakes nach Belieben mit dem Topping und den Erdbeeren garnieren.

ZUBEREITUNG

Mehl, Butter in kleinen Stücken, 50 g Puderzucker, 1 Prise Salz und das Eigelb mit den Knethaken des elektrischen Handrührers und den Händen zu einem glatten Teig kneten. Die Teigkugel in Folie wickeln und 30 Minuten kalt stellen.

Den Mürbeteig ca. ½ cm dick ausrollen und vier Kreise von ca. 10 cm Durchmesser ausstechen. Die Teigkreise in die vier gefetteten Tartletteformen legen und einen Rand formen. Die Teigböden mit einer Gabel mehrfach einstechen und die Törtchen im vorgeheizten Backofen (200 °C, Umluft: 180 °C) ca. 15 Minuten backen.

Die Schokoriegel grob hacken und über einem Wasserbad langsam schmelzen lassen. Mit einem Pinsel die Masse auf den Tartletteböden verteilen und etwas aushärten lassen. Vanillepudding darübergeben.

Die Erdbeeren putzen, je nach Größe halbieren, mit Puderzucker süßen und auf die Tartelettes legen. Den Tortenguss nach Packungsanweisung zubereiten, etwas davon auf die Tartelettes gießen und servieren.

Erdbeer-Tartelettes

200 g
Zartbitterkuvertüre

25 getrocknete
Aprikosen

1 Marzipanriegel,
ca. 30 – 50 g

Varianten
Datteln, Feigen,
Pflaumen u. a.

ZUBEREITUNG

Die Zartbitterkuvertüre
im warmen Wasserbad
zum Schmelzen bringen.

20 Aprikosen von der
Seite mit einem scharfen
Messer einschneiden
und auseinanderklappen.

Den Marzipanriegel
in kleine Stücke
schneiden und ein
kleines Stück Marzipan
in die Aprikose stecken.
Die Aprikose wieder
verschließen.

5 Aprikosen in längliche
Stücke schneiden.
Nach und nach mit der
Kuvertüre glasieren
und zum Schluss mit
einem Aprikosenstück
garnieren.

Fruchtig gefüllte Pralinen

ZUBEREITUNG

Die Blätterteigrolle aufrollen. Den Teig in sechs ca. 20 x 20 cm große Quadrate schneiden und diese dann nochmal diagonal durchschneiden – ergibt 12 Dreiecke.

Die Schokoriegel in dünne Scheiben schneiden und immer drei Scheiben auf die lange Seite der Dreiecke legen. Dann die Dreiecke vorsichtig von der langen Seite her aufrollen. Alle Hörnchen auf ein mit Backpapier ausgelegtes Backblech legen und mit Eigelb einpinseln.

Bei 180 °C im Backofen ca. 15 – 20 Minuten backen, bis die Mini-hörnchen aufgegangen und schön goldgelb sind.

ZUTATEN
für 12 Minihörnchen

1 Blätterteigrolle aus dem Kühlregal

1 Eigelb

2 Schokoriegel nach Wunsch

Backpapier

Gefüllte Minihörnchen

ZUBEREITUNG

Den Kürbis schälen, entkernen und klein würfeln.

Eier, Öl, Kürbiswürfel, Zucker und geriebene Orangenschale in einen hohen Becher geben und mit dem Pürierstab glatt pürieren.

In eine andere Schüssel Mehl und Backpulver sieben, die Kürbismasse hinzufügen und langsam mischen, bis die Masse gleichmäßig glatt ist.

Den Teig in die Förmchen geben (nur $\frac{3}{4}$ voll) und dann für 25 – 30 Minuten im vorgeheizten Backofen bei 180 °C backen. Die Form aus dem Ofen nehmen und abkühlen lassen.

Für die Eulen-Deko die Sahne erhitzen – nicht kochen lassen! –, die klein gehackte Bitterschokolade hinzufügen und rühren, bis diese geschmolzen ist. Abkühlen lassen und mit dem Handmixer nochmal kurz mixen.

Die Oreo Cookies halbieren, denn es werden nur die Hälften mit der weißen Füllung benötigt. Auf jede ‚weiße' Hälfte einen braunen M&M legen und festdrücken, damit sie gut kleben.

Die Schoko-Ganache auf dem Cupcake verteilen. Zwei Oreo Cookie-Hälften auf die Ganache „kleben" und zwischen die Kekse ein gelbes M&M.

ZUTATEN
für 12 Cupcakes

Für die Cupcakes

2 Eier

¼ Tasse Öl

200 g Kürbis

100 g Zucker

Zesten (Schale)
von einer ½ Orange

175 g Mehl

5 g Backpulver

Für die Eulen-Deko

100 ml Sahne

150 g Bitterschokolade

braune und orange
M&M's

Oreo Cookies
(2 Stück pro Cupcake)

12 Muffinförmchen

Kürbis-
cupcake

Kunterbunte

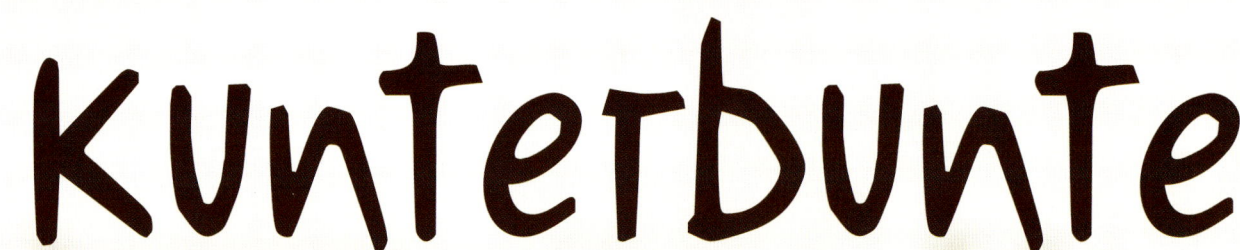

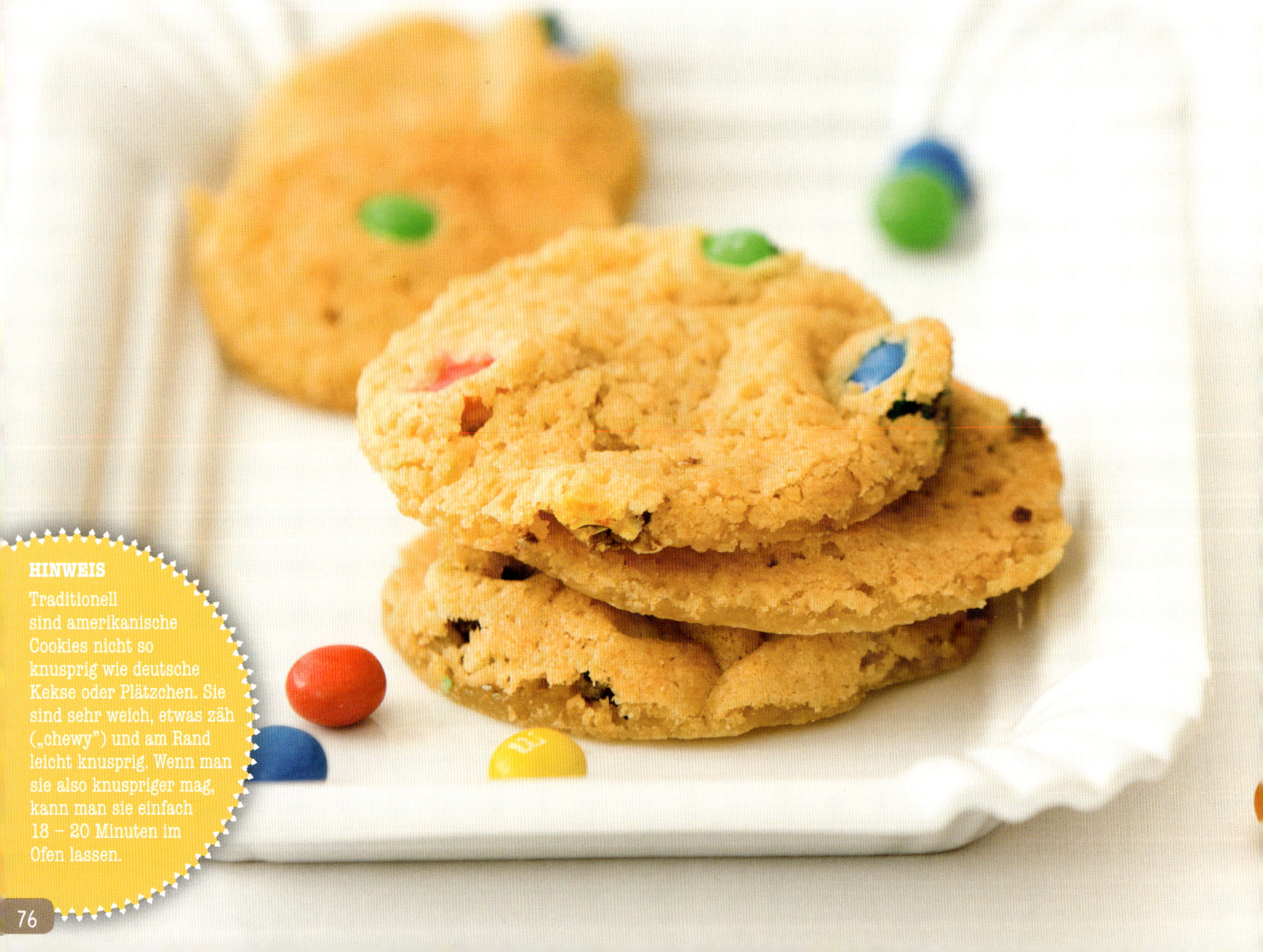

HINWEIS
Traditionell sind amerikanische Cookies nicht so knusprig wie deutsche Kekse oder Plätzchen. Sie sind sehr weich, etwas zäh („chewy") und am Rand leicht knusprig. Wenn man sie also knuspriger mag, kann man sie einfach 18 – 20 Minuten im Ofen lassen.

Cookies

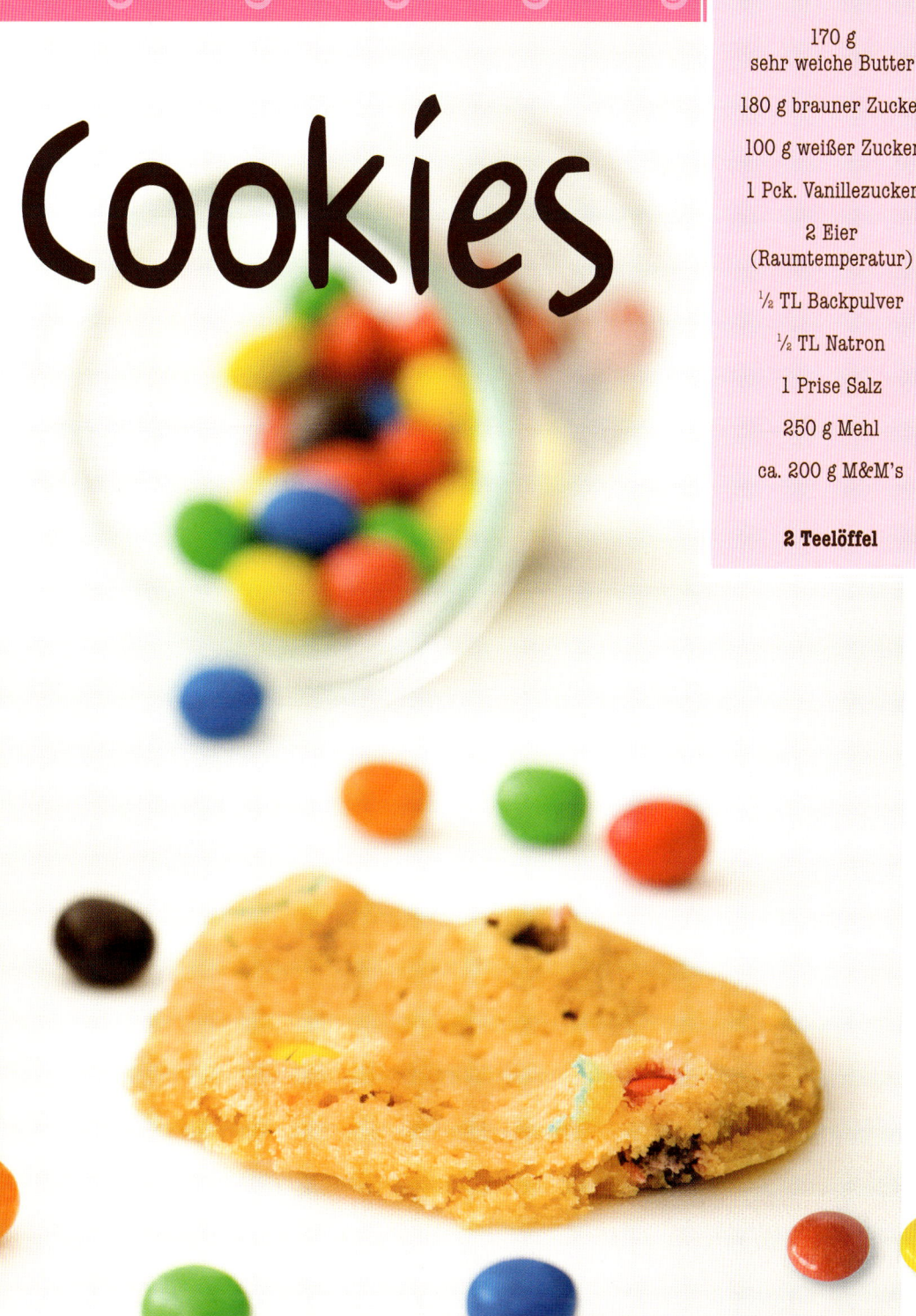

ZUTATEN

170 g
sehr weiche Butter

180 g brauner Zucker

100 g weißer Zucker

1 Pck. Vanillezucker

2 Eier
(Raumtemperatur)

½ TL Backpulver

½ TL Natron

1 Prise Salz

250 g Mehl

ca. 200 g M&M's

2 Teelöffel

ZUBEREITUNG

Die sehr weiche Butter mit dem weißen und dem braunen Zucker sowie dem Vanillezucker schaumig aufgeschlagen. Im nächsten Schritt werden die Eier dazugegeben und die Masse gut verrührt.

Backpulver, Natron und Salz mit dem Mehl vermischen. Das Mehl wird dann so kurz wie möglich unter die Butter-Eimasse gerührt.

Mit Hilfe von zwei Teelöffeln den Teig zu Kugeln formen und mit reichlich Abstand – der Teig läuft beim Backen auseinander – auf das Backblech legen. Zum Schluss die M&M's darauf verteilen.

Die Cookies müssen dann im vorgeheizten Ofen bei 165 °C (Umluft) ca. 15 Minuten backen.

Nach der Backzeit sind die Cookies noch sehr weich. Sie werden aber beim Abkühlen fest.

ZUBEREITUNG

Den Puderzucker und die Mandeln jeweils zweimal sieben, damit ein ganz feines Mehl entsteht.

Danach die beiden Eiweiße – bitte unbedingt auf die benötigte Mengenangabe achten – mit dem Salz kurz anschlagen und dann den Zucker langsam reinrieseln lassen. Zusammen so lange schlagen, bis es schnittfest ist.

Den Puderzucker und die Mandeln miteinander vermengen, in drei Portionen zu dem Eiweiß geben und ganz vorsichtig mit einem Teigschaber vermengen (nicht schlagen!).

Nun kann man nach Belieben einfärben, z. B. mit Puderfarbe.

Danach den Teig in einen Spritzbeutel mit Lochtülle füllen und kleine Kreise auf ein Backblech mit Backpapier oder Silikonmatte spritzen. Das Ganze ca. 30 Minuten ruhen lassen. – Dieser Schritt ist wichtig, damit an der Oberfläche eine Kruste entsteht!

Den Backofen auf 140 °C vorheizen und die Macarons ca. 15 Minuten backen.

Die Sahne zum Kochen bringen und die Yogurette sowie die Kuvertüre darin schmelzen. Die Mischung in eine Schüssel geben und für ein paar Stunden im Kühlschrank abkühlen lassen.

Danach mit dem Handrührgerät kurz aufschlagen und anschließend die Macarons damit füllen.

ACHTUNG:
Den Teig nicht mit Flüssigfarbe einfärben, weil er dadurch zu flüssig würde.

ZUTATEN
für ca. 24 Macarons

Für den Teig
90 g ganz fein gemahlene Mandeln

150 g gesiebter Puderzucker

2 Eiweiß (72 g !)

20 g Zucker

1 Prise Salz

Für die Füllung
(Yogurette-Ganache)
200 g Yogurette

200 ml Sahne

50 g Vollmilch-Kuvertüre

Zum Färben
z. B. Puderfarbe

Backblech
Backpapier/ Silikonmatte
1 Spritzbeutel mit Lochtülle

Macarons
mit Yogurette-Füllung

ZUTATEN
für 4 Portionen

8 Vollkornkekse

8 Marshmallows

1 Schokoriegel

**dünne, lange Stöcke/
Grillspieße
Lagerfeuer**

S'mores

ZUBEREITUNG

Zwei Vollkornkekse auf einen Teller legen.

Die Schokolade in Stücke schneiden und ein oder zwei Schokoladenstückchen auf einen Keks legen.

Die Marshmallows ganz vorsichtig auf dünne, lange Stöcke oder Grillspieße stecken. Dann mit einem Abstand von etwa 10 – 30 cm über das Feuer halten und langsam drehen, sodass sie von allen Seiten gleichmäßig Hitze abbekommen (Achtung: nicht zu nah über die Flammen halten!).

Wenn die Marshmallows leicht braun werden, sind sie fertig.

Der gegrillte Marshmallow wird direkt auf den Keks mit der Schokolade gelegt. Dann den oberen und den unteren Keks leicht zusammendrücken, damit auch die Schokolade zum Schmelzen gebracht wird.

TIPP

Mit dem zweiten Keks kann man den heißen Marshmallow so fixieren, dass der Stock oder der Spieß leichter herausgezogen werden kann.

Und:

Die S'mores am besten essen, solange sie noch warm und köstlich weich sind.

Getränke

ZUBEREITUNG

Die Gummibärchen – bestenfalls von „Haribo", da diese später einen sehr leckeren Geschmack abgeben – in das sterile Einmachglas geben.

Den weißen Kandiszucker über die Gummibären streuen und dann die Flasche mit dem Wodka auffüllen. Nun das Glas fest verschließen und in Alufolie wickeln.

Damit die Gummibärchen sich nun in dem Wodka auflösen, muss der Likör 2 – 3 Wochen bei Zimmertemperatur lagern. Zwischendurch das Glas immer mal wieder schütteln, damit sich die Gummibärchen etwas verteilen und der Kandiszucker sich besser auflöst.

Wenn sich die Gummibären mit der Zeit aufgelöst haben, können Sie die Konsistenz des Likörs testen. Ist dieser zu dickflüssig, können Sie einfach etwas Wasser hinzuschütten. Bevor Sie den Gummibärchen-Likör später servieren, sollten Sie ihn im Kühlschrank kalt stellen.

TIPP

Im Original (im Ruhrgebiet, z. B. auf der Cranger Kirmes) wird der Schnaps so getrunken: Ein Gummibärchen auf einen Zahnstocher spießen, in ein Schnapsglas geben und mit dem Likör aufgießen.

ZUTATEN

2 Tüten Gummibärchen à 300 g, z. B. von Haribo

200 g weißen Kandiszucker

1,5 l Wodka

evtl. etwas Wasser

Einmachglas, steril evtl. Zahnstocher

Gummibärchen-Likör

Gummibärchen-Punsch

ZUBEREITUNG

1 Tüte Gummibärchen in eine Schüssel geben und den Apfelsaft darübergießen. Abdecken und ca. 6 Stunden bei Zimmertemperatur ziehen lassen. Apfelsaft durch ein Sieb in eine Glasschüssel abgießen und die aufgequollenen Gummibärchen entsorgen.

Die Schüssel kurz vor dem Servieren mit dem gut gekühlten Mineralwasser auffüllen und die zweite Tüte Gummibärchen hineingeben. Den Gummibärchen-Punsch mit bunten Eiswürfeln auffüllen.

ZUBEREITUNG

Alle Zutaten in einen Topf geben. Unter ständigem Rühren bei mittlerer Hitze einmal aufkochen lassen und sofort heiß in sterilisierte Gläser oder Fläschchen abfüllen. Die Gläser verschließen und etwa 5 Minuten auf dem Deckel stehen lassen.

Pfannkuchen oder Eis lassen sich damit herrlich verfeinern.

TIPP

Sollte der Sirup später zu dick sein, einfach das Glas oder die Flasche vor Gebrauch kurz in ein heißes Wasserbad stellen.

ZUTATEN

300 g braunen Zucker

50 g Kakaopulver

50 g Pocket Coffee von Ferrero

½ TL Salz

Mark einer Vanilleschote

100 ml frisch gebrühter Kaffee

50 ml Wasser

Gläser oder Flaschen, sterilisiert

Kaffee-Sirup

Milchcreme mit Schuss

ZUBEREITUNG

Likör 43, Milch, Baileys mit der weißen Innenfüllung einer Milchschnitte mixen. Auf Eis servieren.

Variante:
Einfach mit kaltem Kaffee aufgießen und mit ein wenig Sahne dekorieren – fertig ist ein Eiskaffee für heiße Tage.

ZUTATEN
für 2 – 3 Gläser

4 cl Likör 43

8 cl Milch

4 cl Baileys

1 Cremefüllung Milchschnitte

Variante

kalter Kaffee

Sahne

ZUBEREITUNG

Die Raffaello mit
der Milch pürieren.
Die Raffaello-Milch
mit Ananassaft,
Rum und Eiswürfeln
in einem Mixglas
gut durchschütteln.
In Cocktailgläser mit
Eiswürfeln gießen.

Raffaellos, Ananas-
stücke und -blätter
auf Spieße stecken
und die Drinks damit
verzieren.

ZUTATEN
für 4 Gläser

12 Raffaello

150 ml Milch

200 ml Ananassaft

50 ml weißer Rum

Eiswürfel

Ananasstücke

Raffaellos

Ananasblätter

Mixglas
Spieße

Schnelle
Piña Colada

Schoko-Minz-Milchshake

ZUBEREITUNG

Milch, Sahne, Bananen und alle After Eight-Blättchen in einen Mixer geben. Fein pürieren und in Gläser füllen.

Eine dünne Bananenscheibe an den Glasrand stecken und nach Belieben ein halbes After Eight-Blättchen zur Garnitur auf den Shake legen. Servieren

ZUTATEN
für ca. 3 – 4 Gläser

300 ml Milch

100 ml Sahne

1 ½ Bananen

15 After Eight-Blättchen

ZUBEREITUNG

Snickers, Mars und dunkle Schokolade in einen Kochtopf geben, Kondensmilch und Sahne hinzufügen. Die Masse mit dem Pürierstab pürieren, damit die Nüsse zerkleinert werden, und unter Rühren langsam erhitzen, bis die Schokolade ganz geschmolzen ist.

Den Kochtopf vom Herd ziehen und die geschlagenen Eigelbe sowie den Vanillezucker einrühren. Die Masse 3 Minuten unter ständigem Rühren auf ganz kleiner Hitze durchwärmen – währenddessen den Wodka dazuschütten –, noch 1 Minute verrühren und ein wenig erhitzen lassen.

In Flaschen abfüllen und in den Kühlschrank stellen.

ZUTATEN
für ca. 850 ml

1 Riegel Snickers, gehackt

2 Riegel Mars, gehackt

50 g dunkle Schokolade

200 ml Kondensmilch 10%

250 ml Sahne

4 Eigelb

1 Pck. Vanillezucker

250 ml Wodka

Kleine Flaschen

Schokoriegel-Likör

Marmeladen & Brot- aufstriche

ZUTATEN

700 g Ananasfleisch

200 g Raffaello

500 g Gelierzucker 1:2

30 g Ingwer,
geschält und gerieben

Saft einer Zitrone

**5 – 6
Marmeladengläser
à 200 ml**

ZUBEREITUNG

Das Ananasfleisch und die Raffaellos pürieren. Dann mit Gelierzucker, Ingwer und Zitronensaft in einem großen Topf verrühren. Bei mittlerer Hitze unter ständigem Rühren zum Kochen bringen und mindestens 5 Minuten sprudelnd kochen. Heiß in vorbereitete Marmeladengläser bis zum Rand füllen und 5 Minuten auf den Deckel stellen. Kühl und dunkel lagern.

Ananas-Ingwer-Marmelade

mit Raffaellos

ZUBEREITUNG

Die Erdnüsse – alternativ die Macadamia-Nüsse und den Kakao – zusammen mit den Oreo Cookies in der Küchenmaschine in ca. 5 Minuten zu einer cremigen Paste verarbeiten. (Zwischendurch immer mal die Butterreste an den Seiten der Schüssel abkratzen.)

Den fertigen Brotaufstrich in ein sauberes Glas füllen. Rechtzeitig vor dem Verzehr aus dem Kühlschrank nehmen, damit er ein wenig weicher wird. (Haltbarkeit bei Aufbewahrung im Kühlschrank: ca. 2 Wochen.)

ZUTATEN

100 g Erdnüsse, geröstet und ungesalzen

2 EL Sonnenblumenöl

8 Oreo Cookies

Variante

200 g Macadamia-Nüsse

20 g Kakao

8 Oreo Cookies

Glas mit Schraubdeckel

Brotaufstrich mit Oreos

Johannisbeer-Marmelade mit Fluff

ZUBEREITUNG

Von den Johannisbeeren die Stiele
und Blätter abzupfen, angeschlagene
Beeren aussortieren und die übrigen in
ein Sieb geben, unter fließend kaltem
Wasser abwaschen und vorsichtig
abtropfen lassen. Die Johannisbeeren
dann in einen großen Topf geben,
grob kleinstampfen (z. B. mit einem
Kartoffelstampfer), erhitzen und unter
Rühren den Gelierzucker und das Mark
der Vanilleschote hinzugeben.

Das Ganze 3 – 5 Minuten gut
aufkochen und den rosa Schaum, der
sich dabei auf der Oberfläche bildet,
abschöpfen und entsorgen.

Nun den Topf von der Herdplatte
nehmen und den Rum einrühren.

Die Marshmallows klein schneiden
und mit der Sahne in einem Topf unter
Rühren aufkochen. Bei schwacher
Hitze weiter unter Rühren so lange
köcheln, bis die Marshmallows
geschmolzen sind.

Schließlich die schon leicht
angedickte Marmelade in saubere
Schraubverschlussgläser zu zwei
Dritteln füllen. Die sehr heiße
Marshmallowsahne daraufgeben,
zuschrauben und umgedreht abkühlen
lassen.

REGISTER

IMPRESSUM

LV·Buch
im Landwirtschaftsverlag GmbH, 48084 Münster

© Landwirtschaftsverlag GmbH, Münster-Hiltrup, 2014

Fotos:	Eileen Gruscka, www.eileengruschka.de
Lektorat:	Sabine Wolter, Bonn
Layout:	Monika Wagenhäuser, LV·Buch
Titelgestaltung:	KreaTec im Landwirtschaftsverlag GmbH
Druck:	Westermann Druck Zwickau GmbH

ISBN 978-3-7843-5338-8